ENJOY COLORING!!

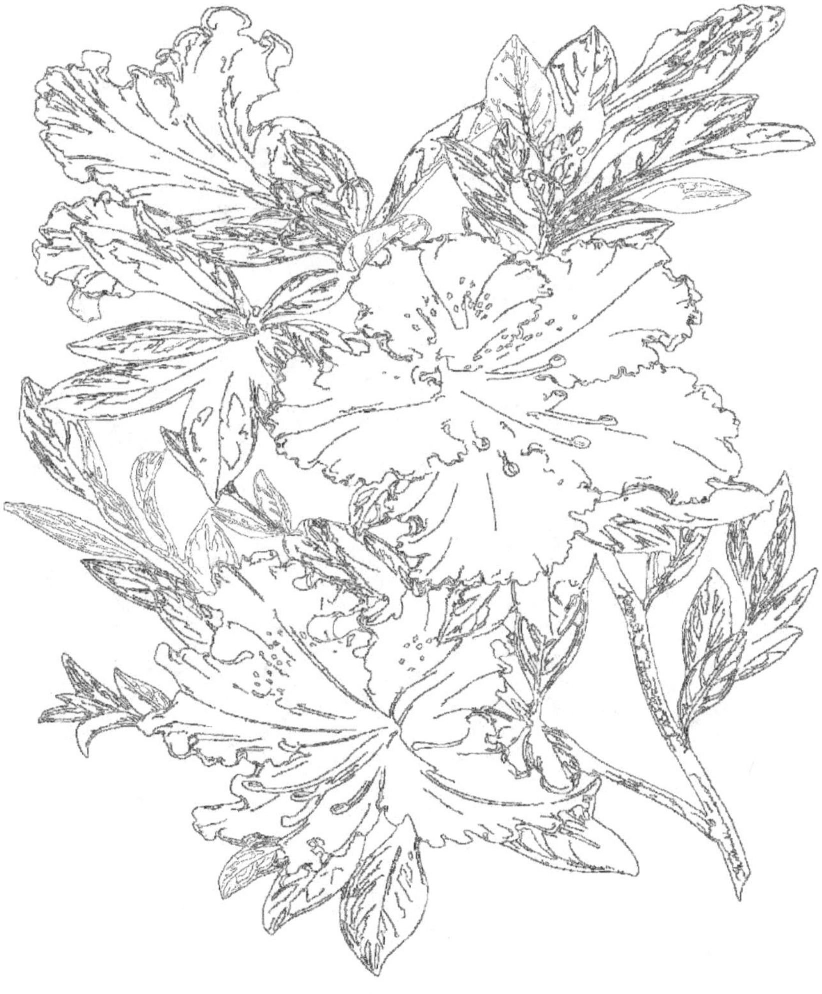

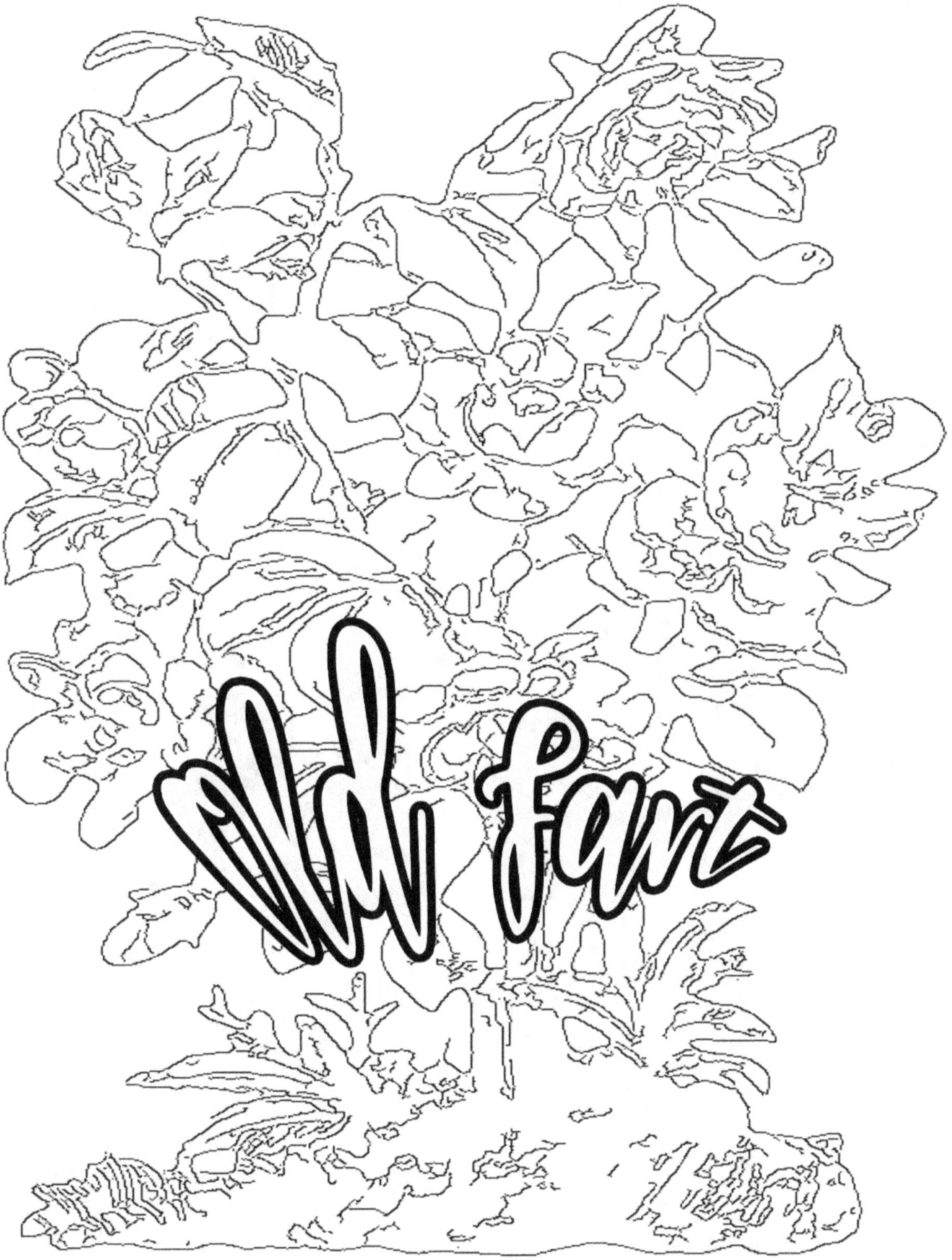
old fart

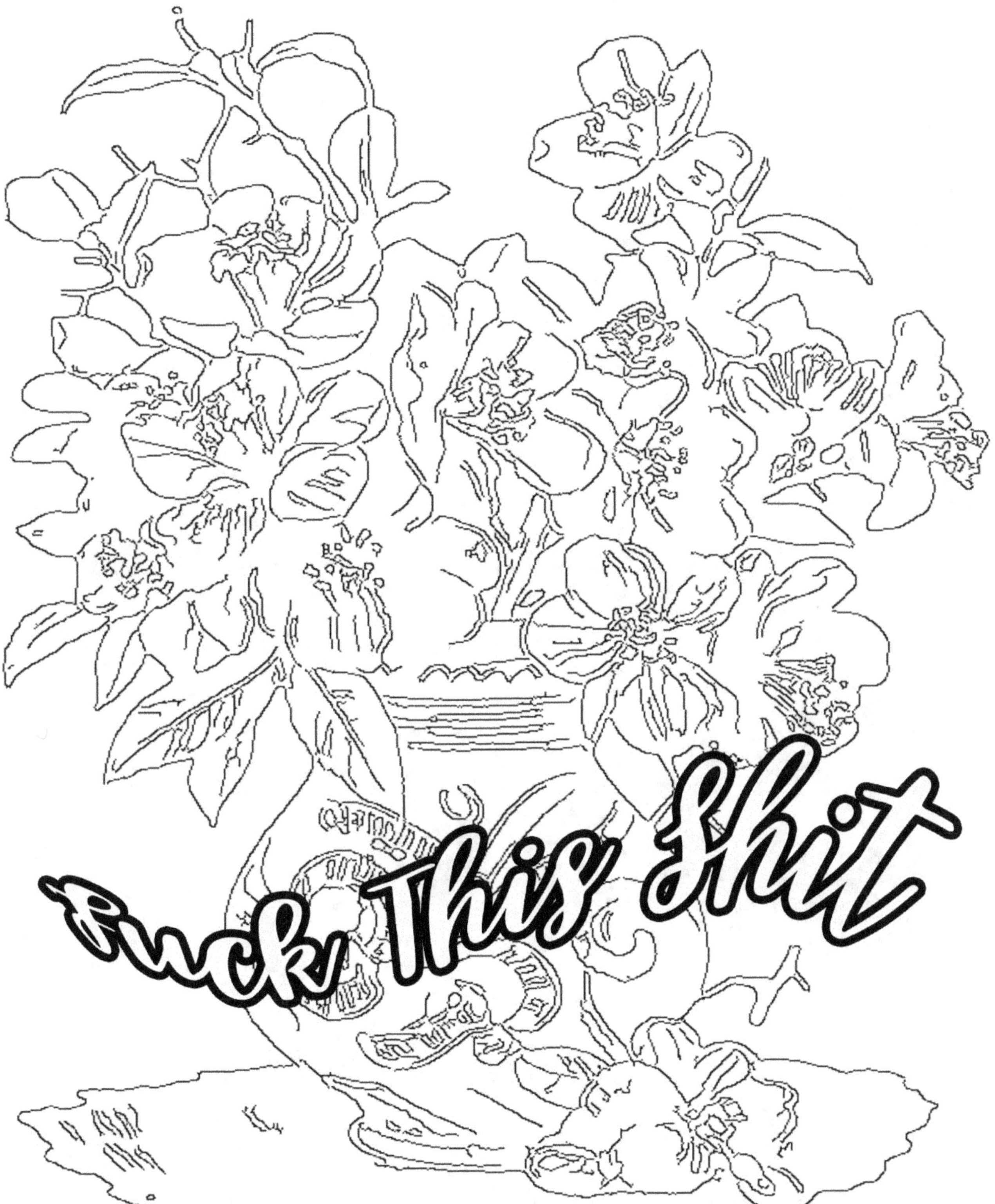
Fuck This Shit

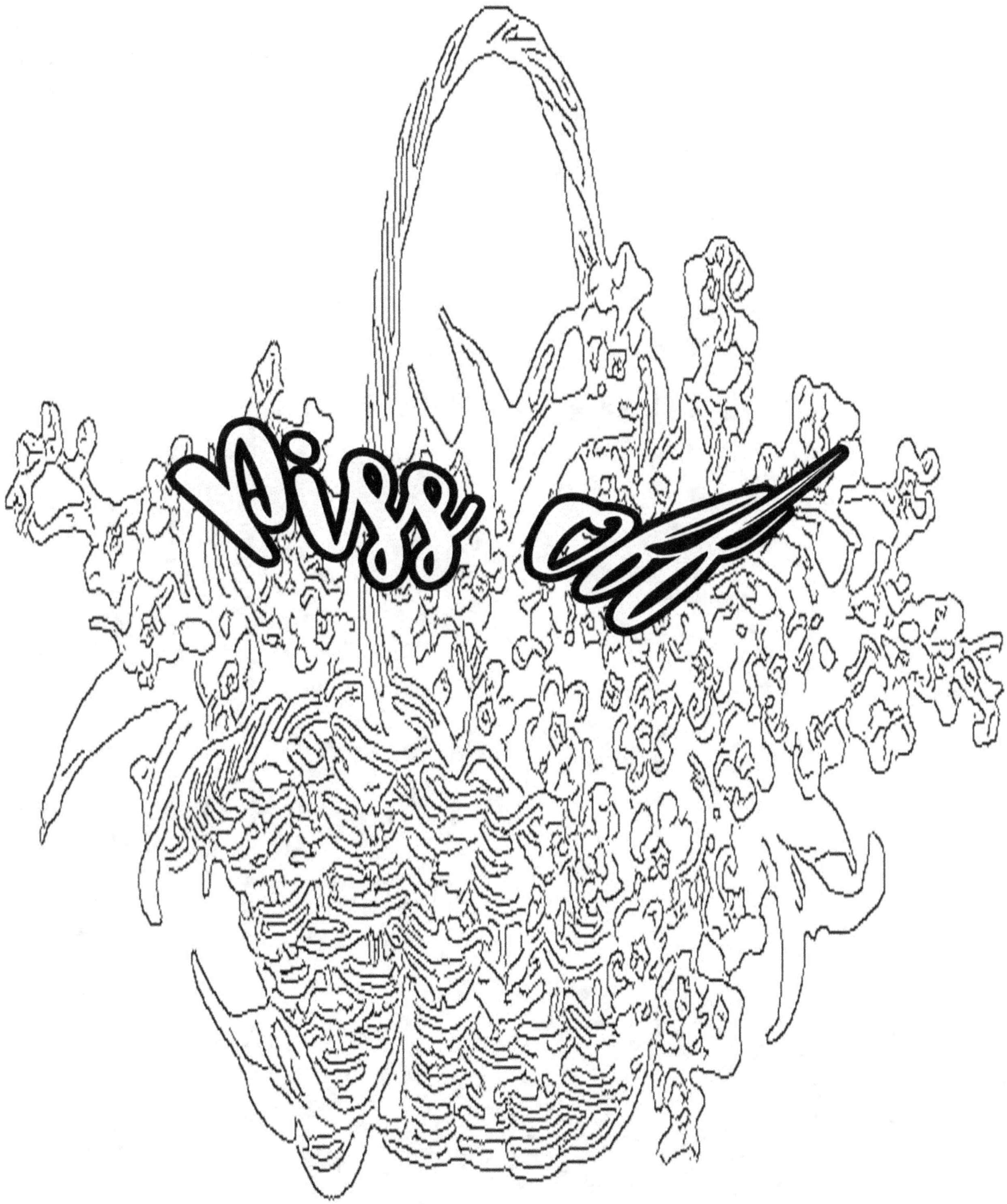
Piss off

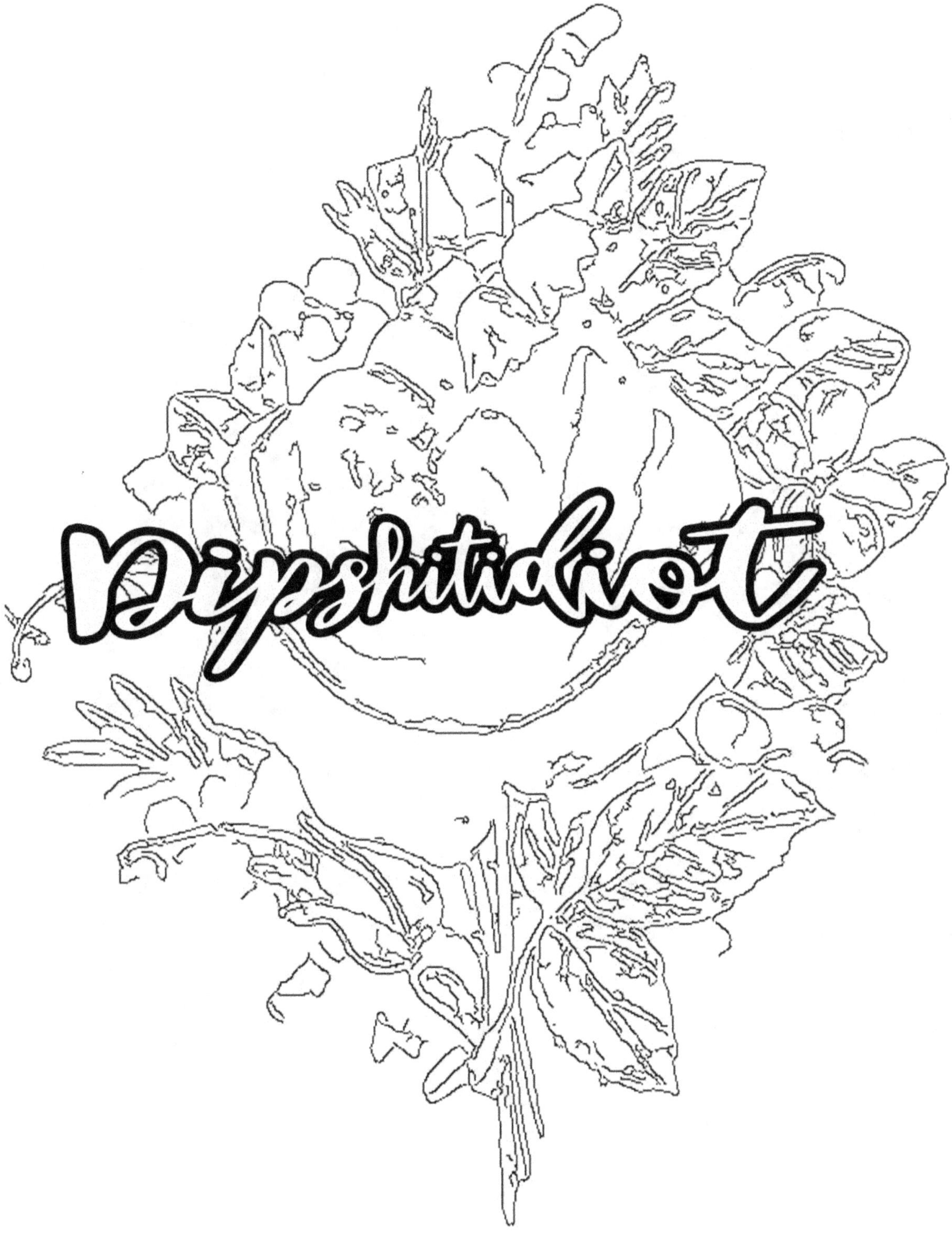
Dipshitidiot

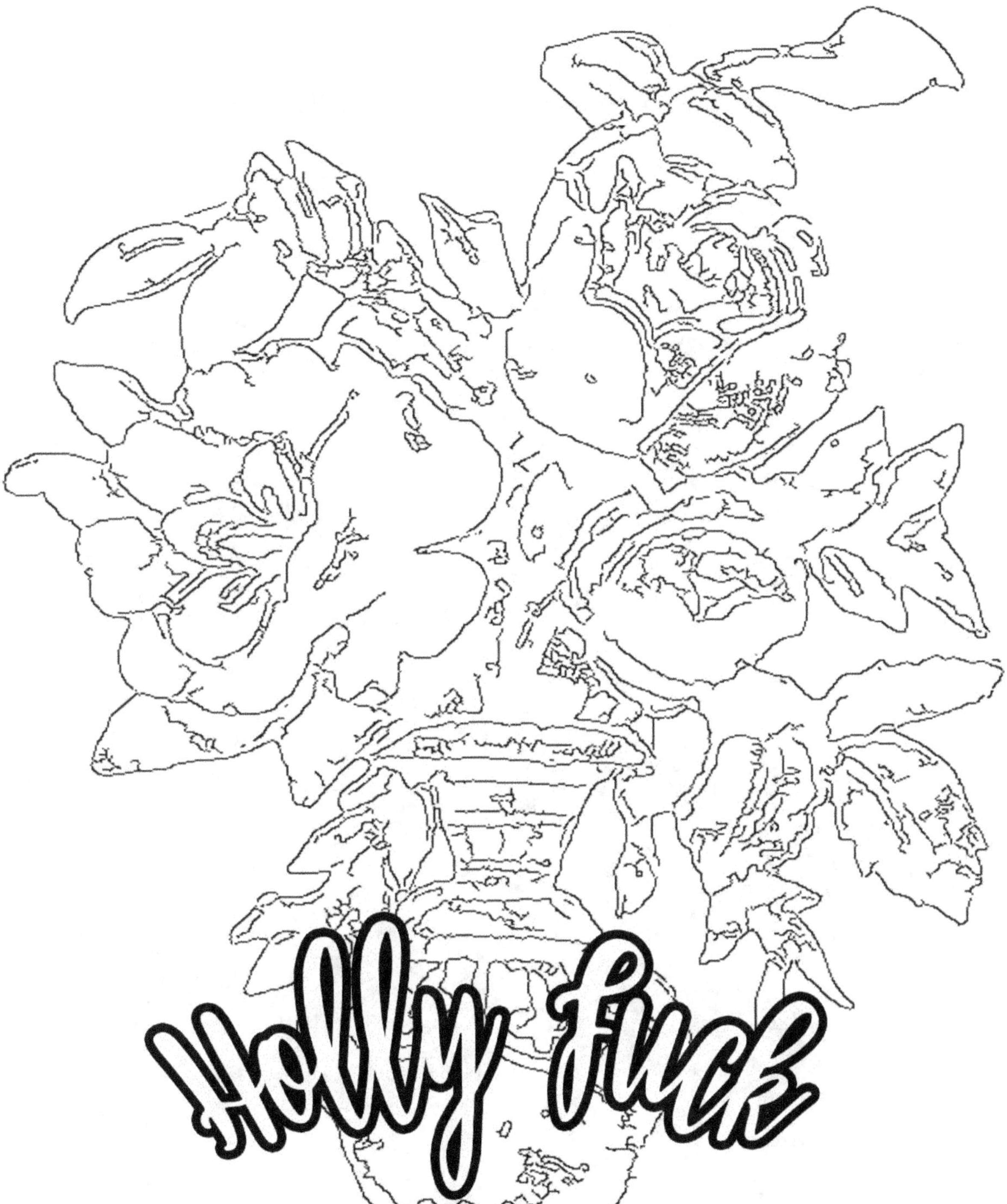
Holly fuck

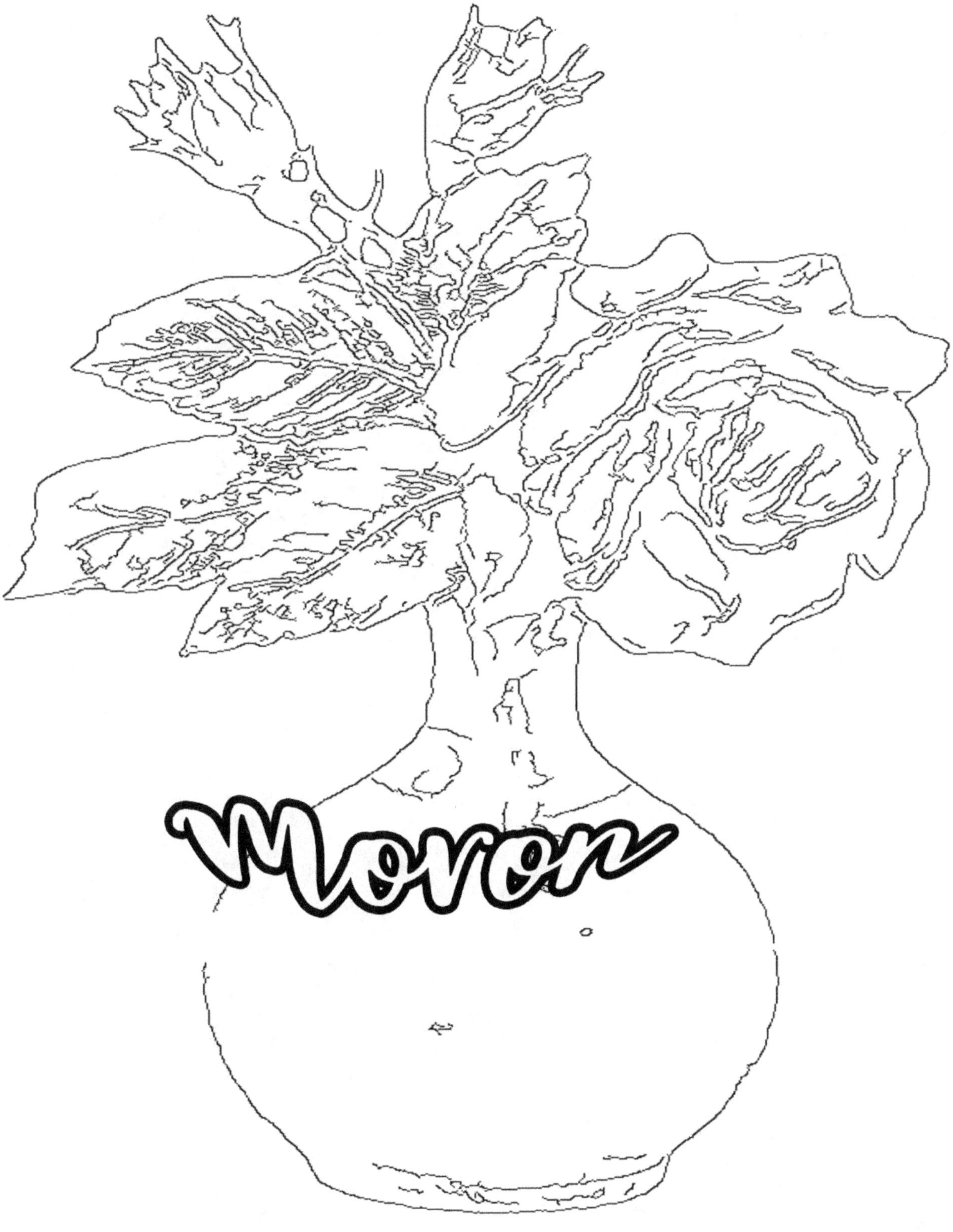
Moron

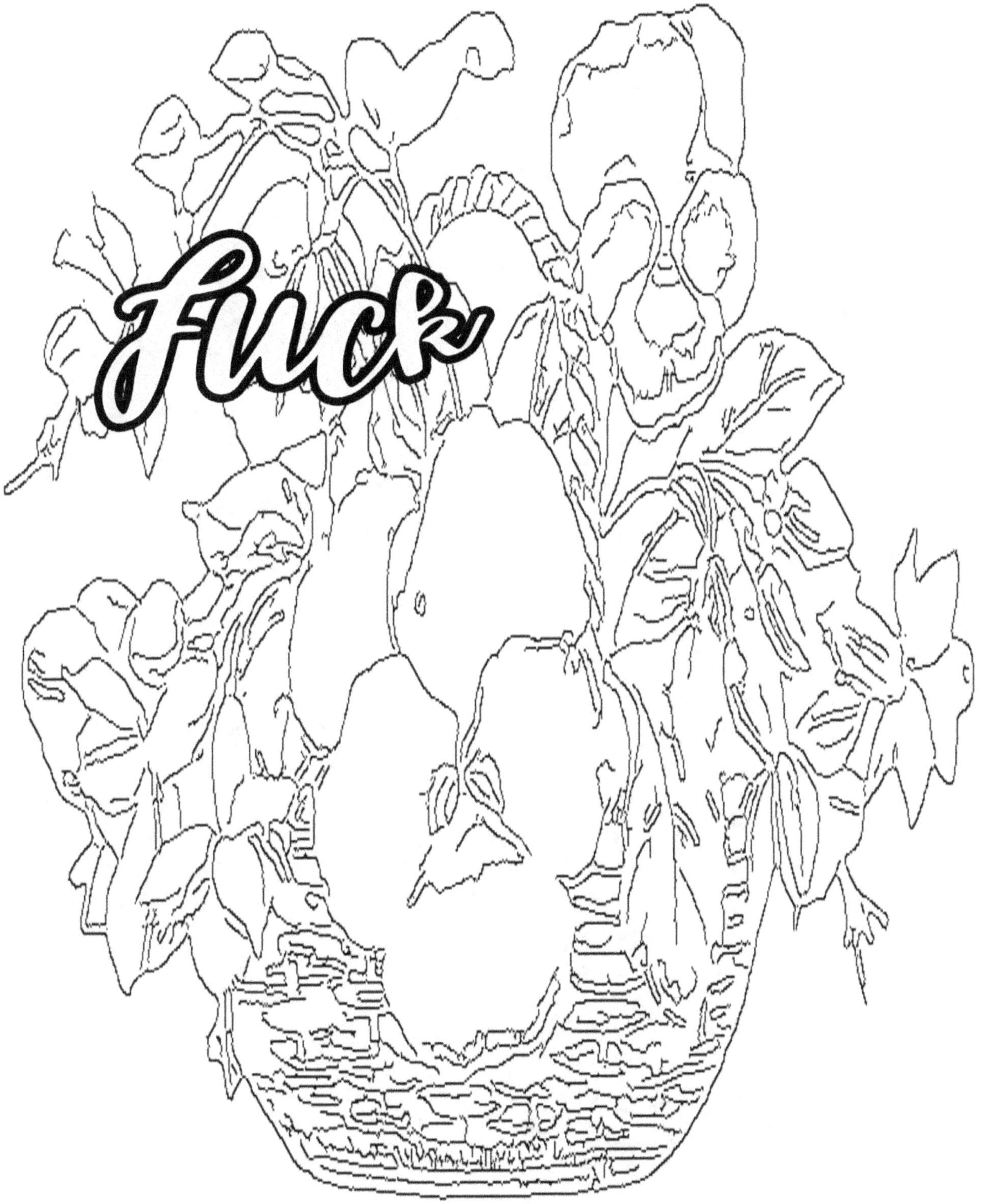
Fuck

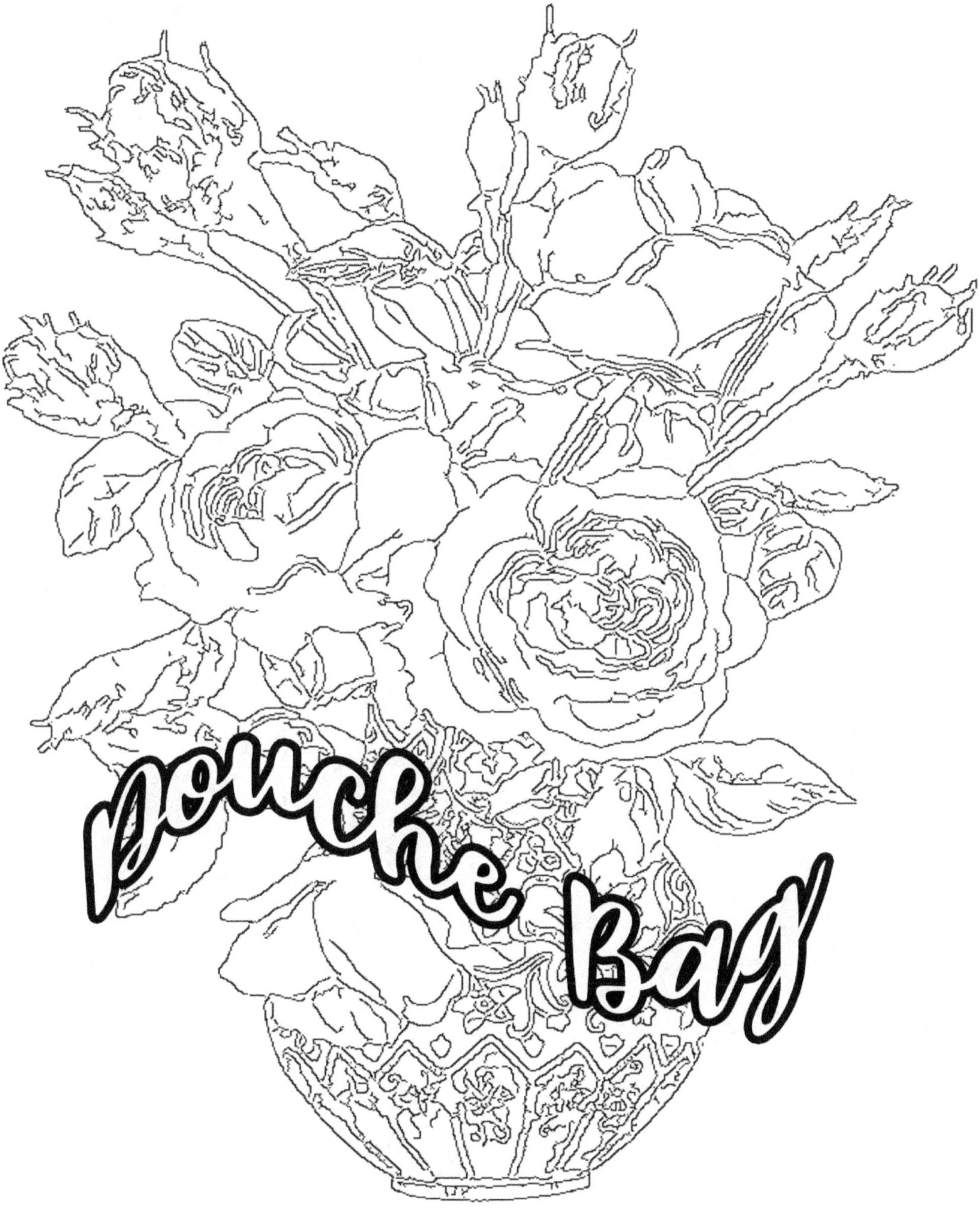
Douche Bag

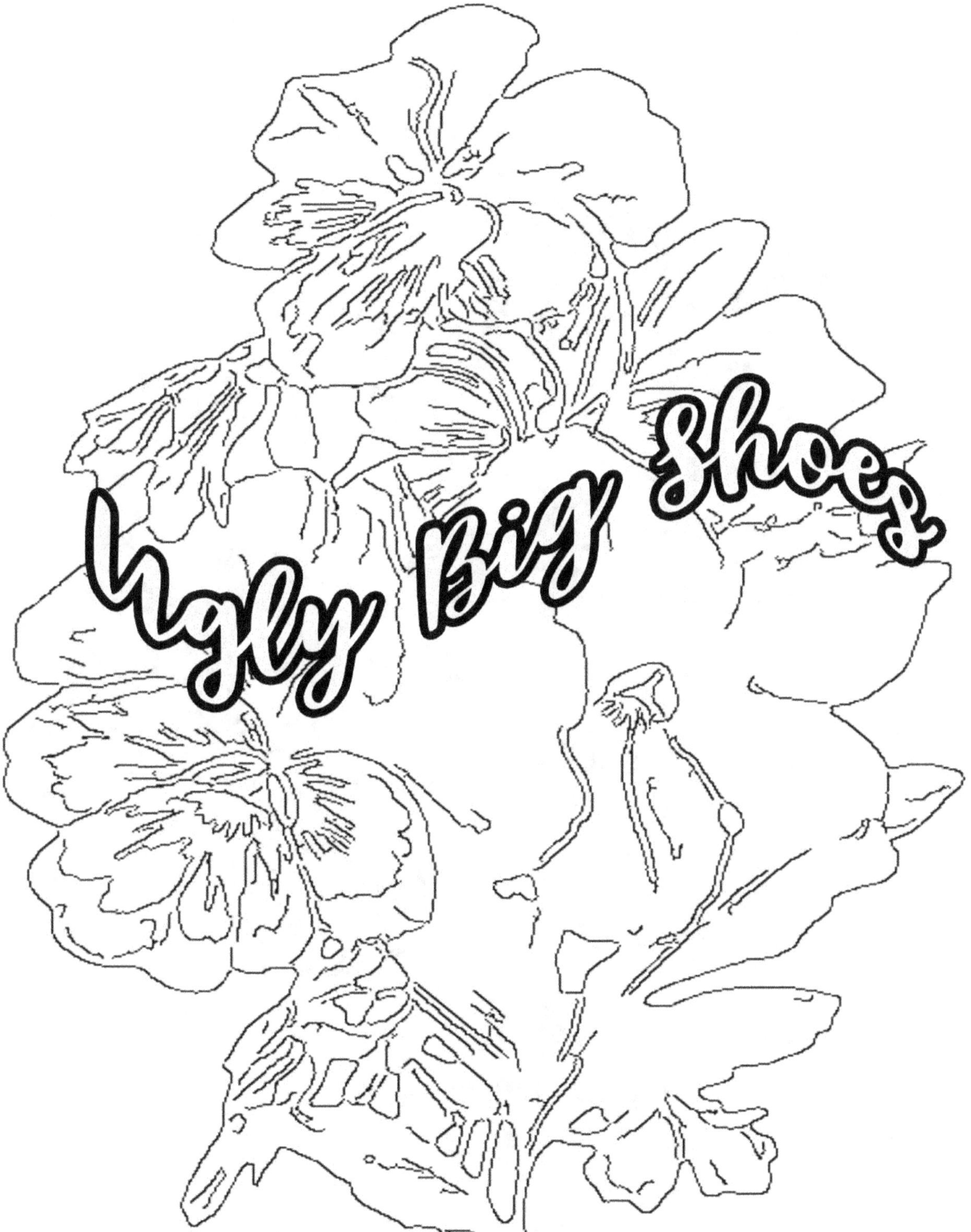
Ugly Big Shoes

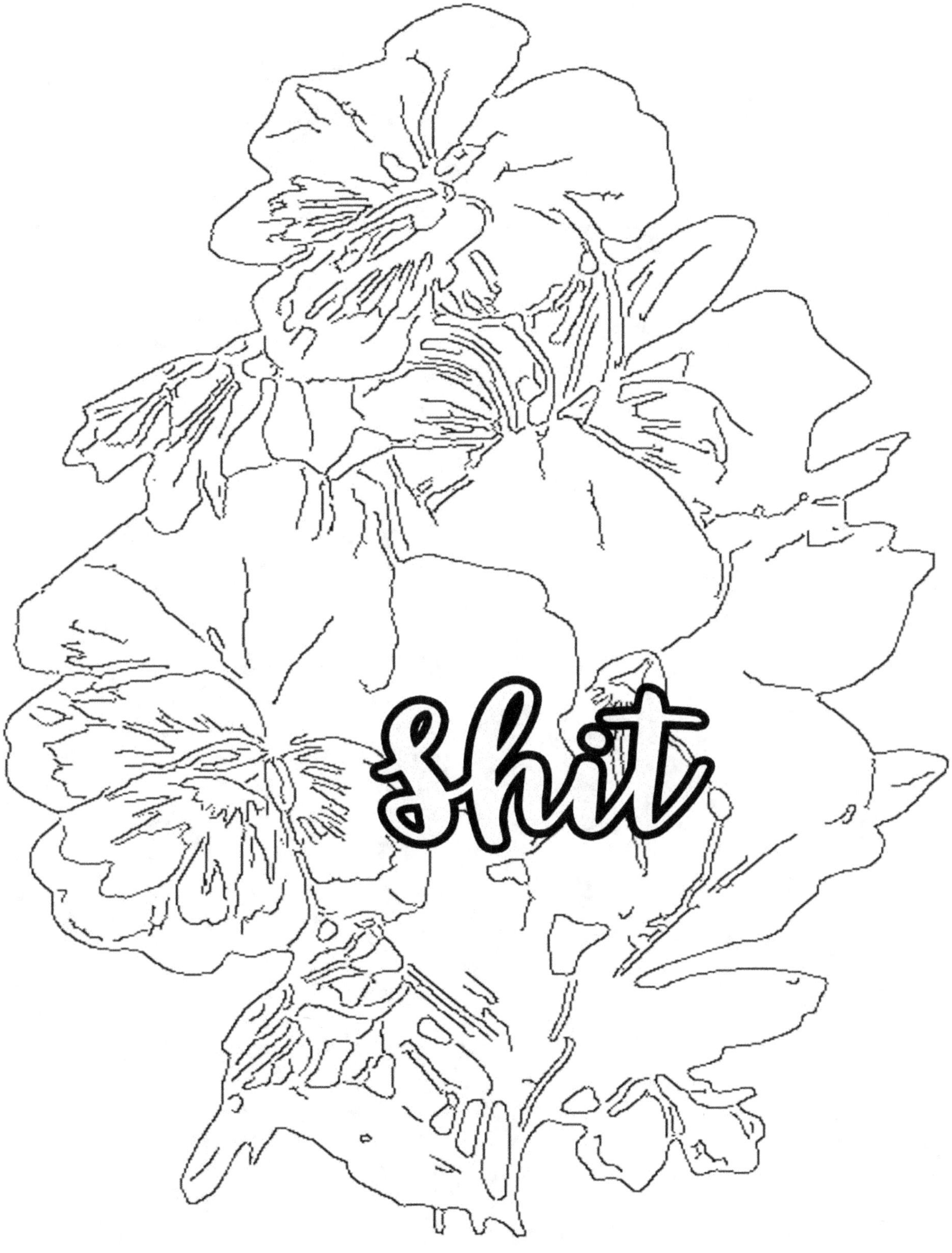
Shit

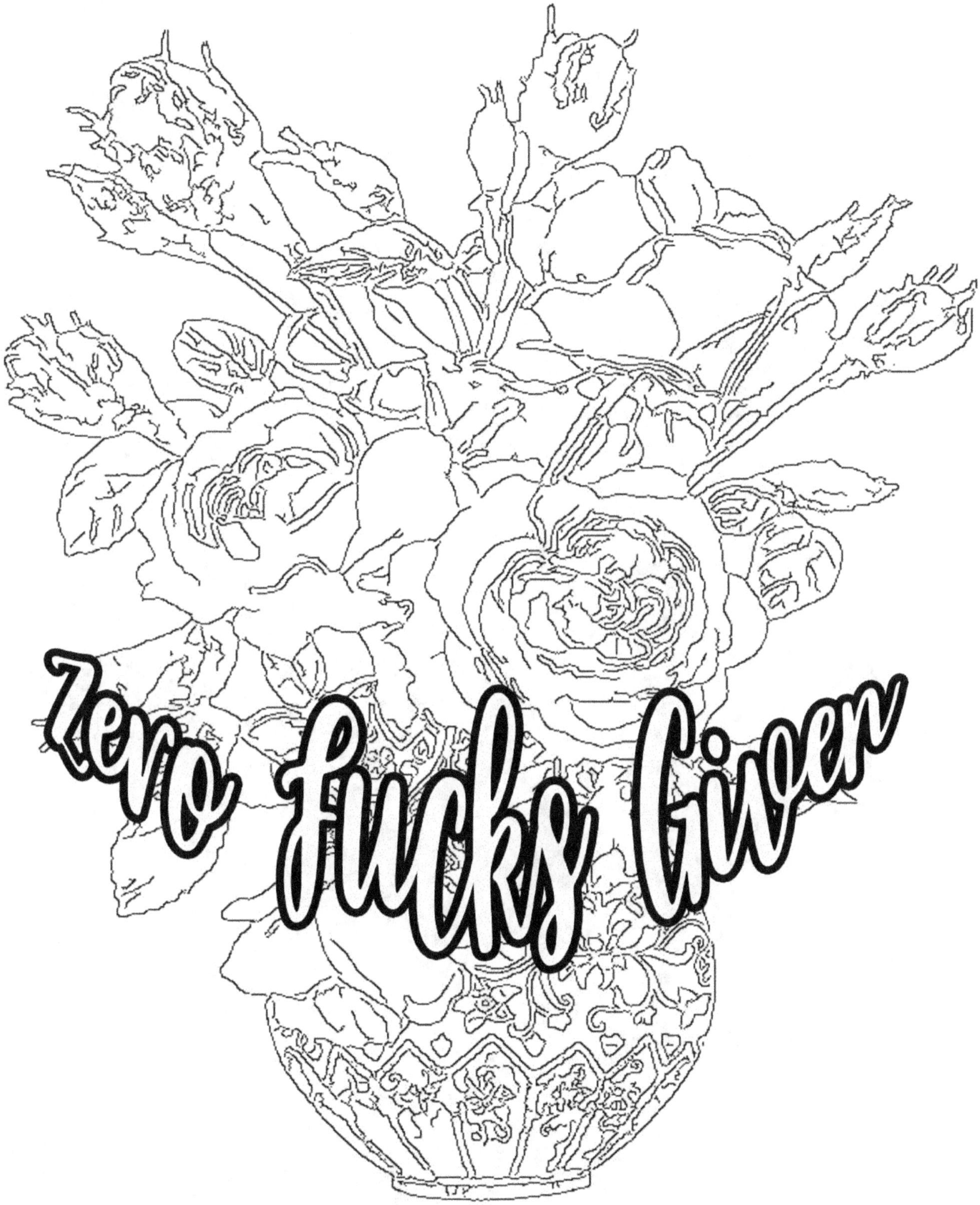
Zero Fucks Given

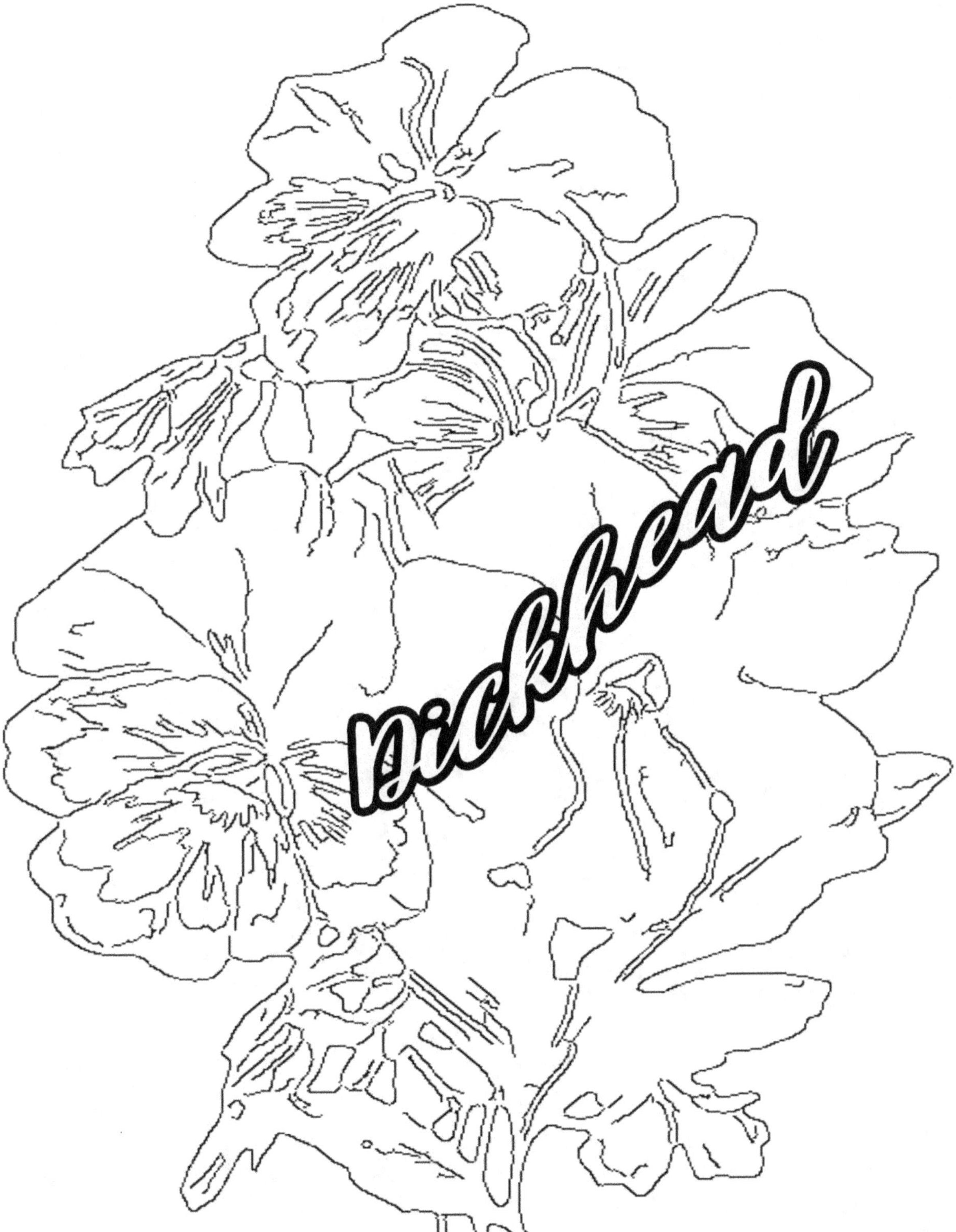
Dickhead

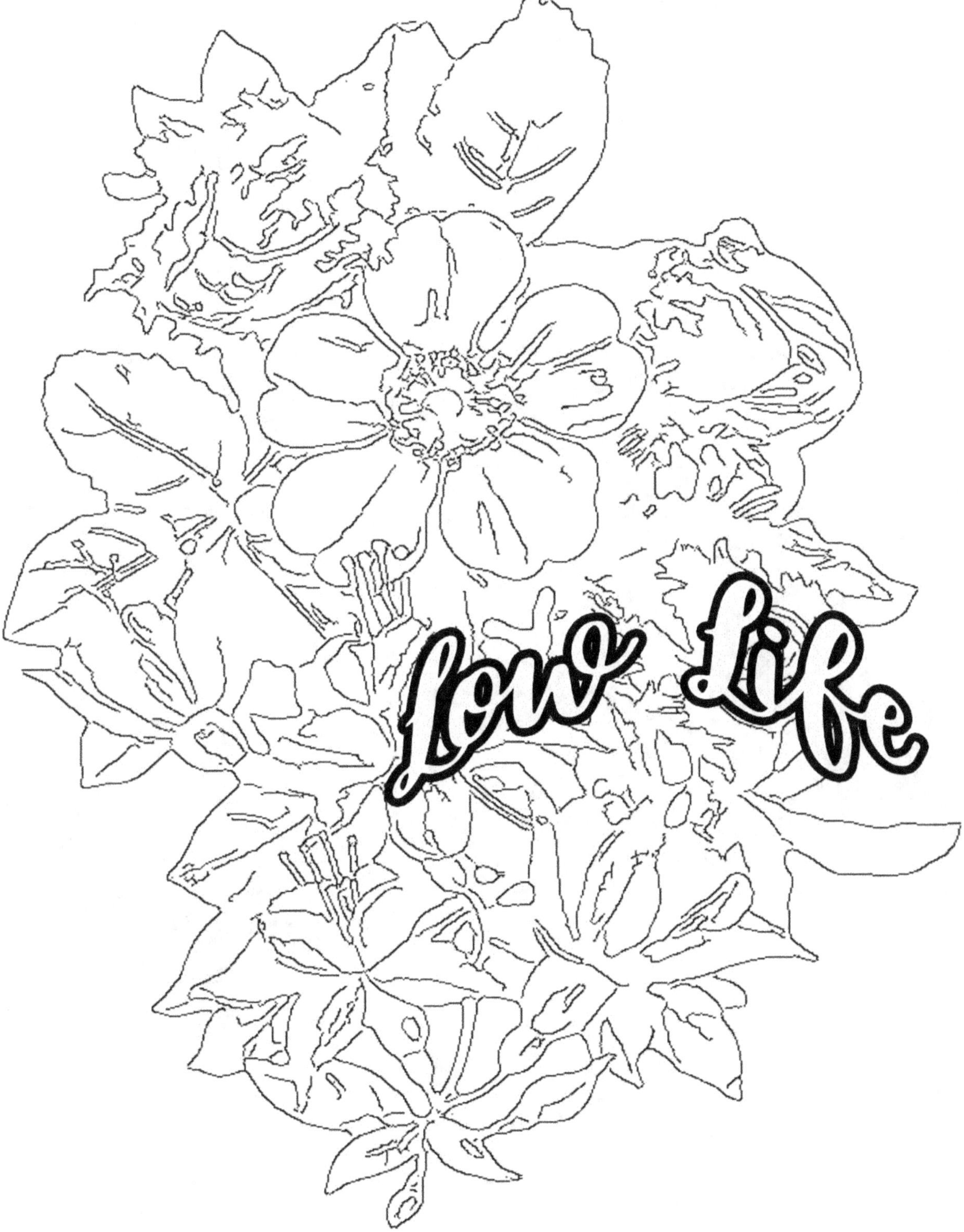
low life

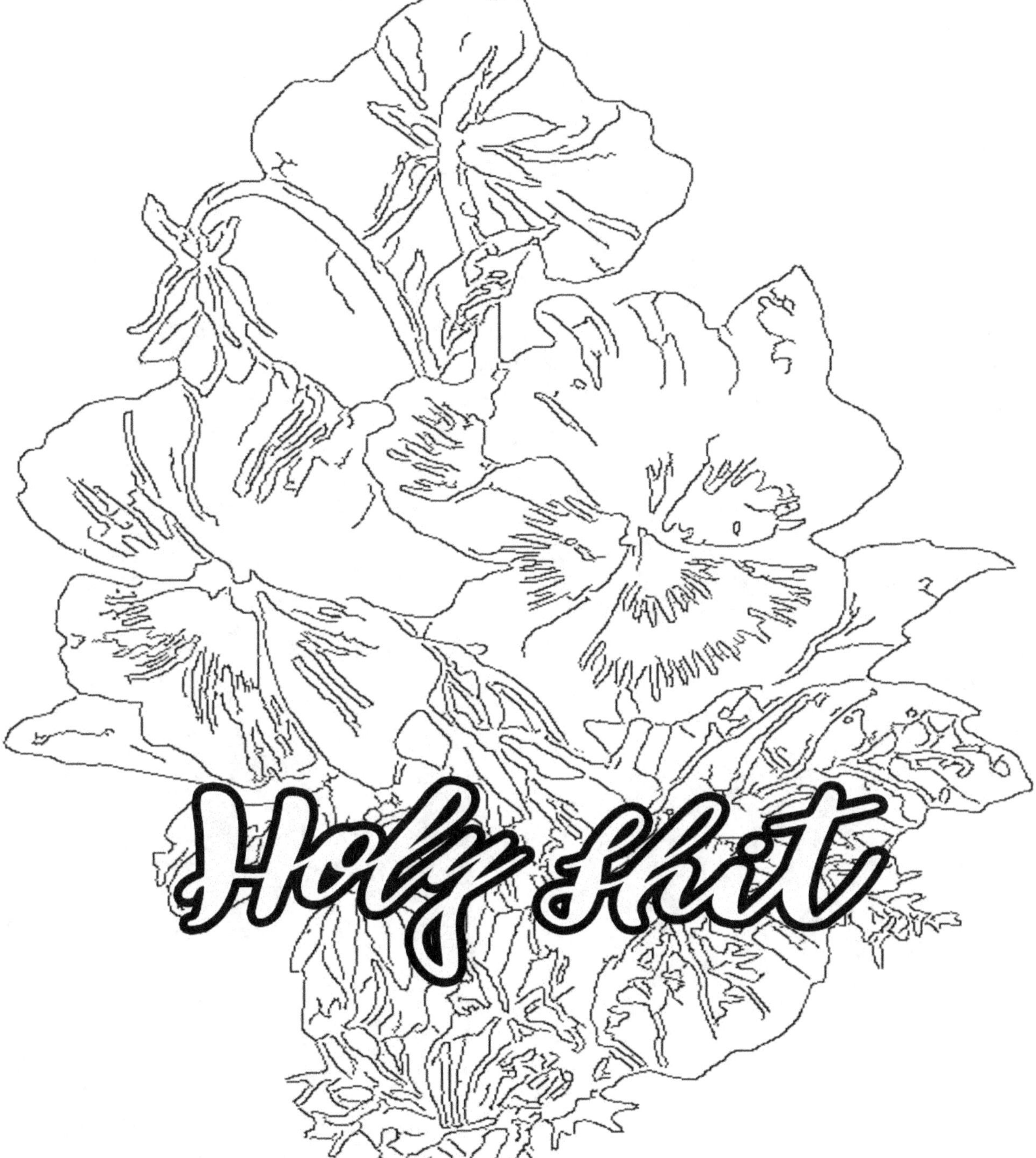
Holy Shit

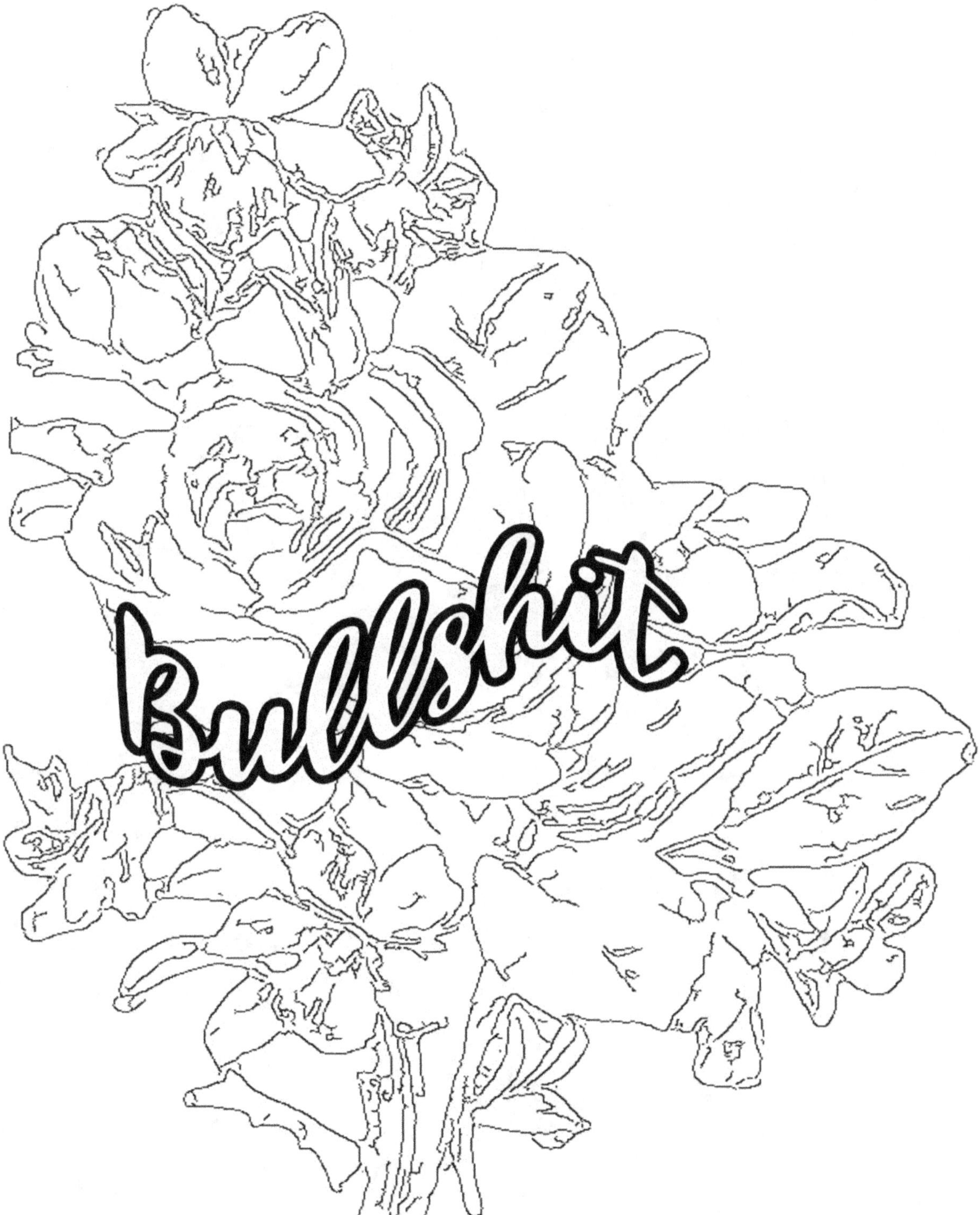
Bullshit

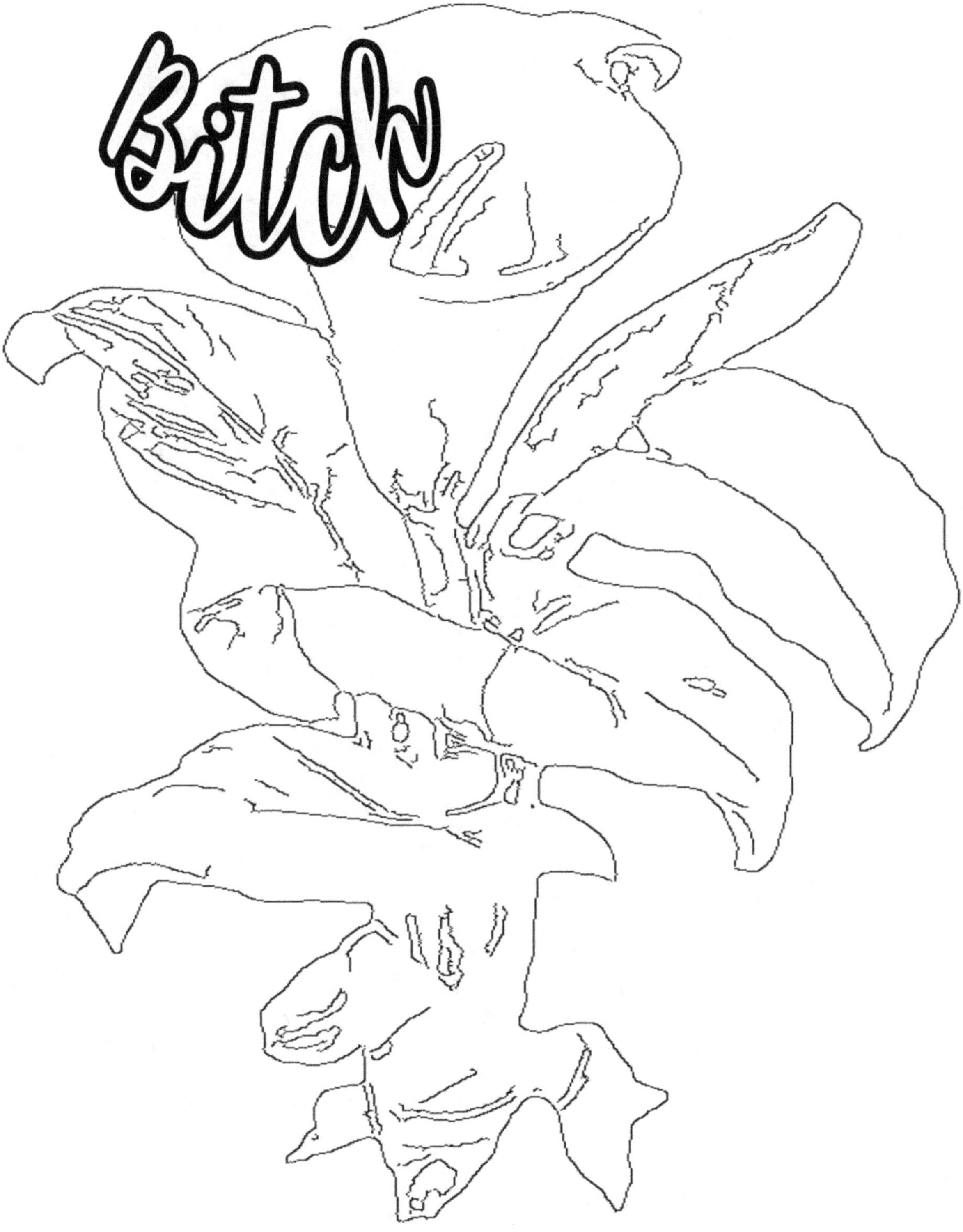
Bitch

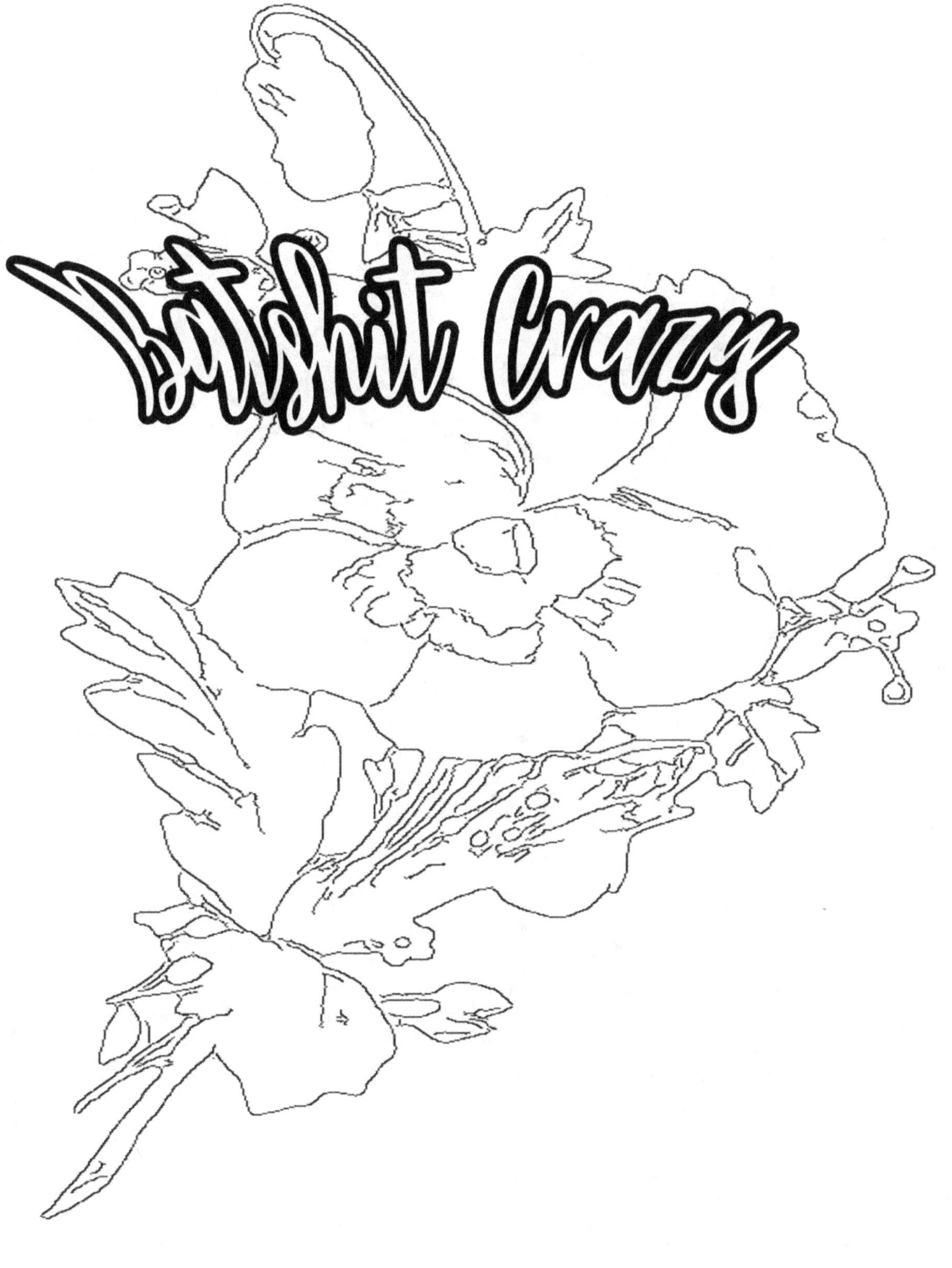
Batshit Crazy

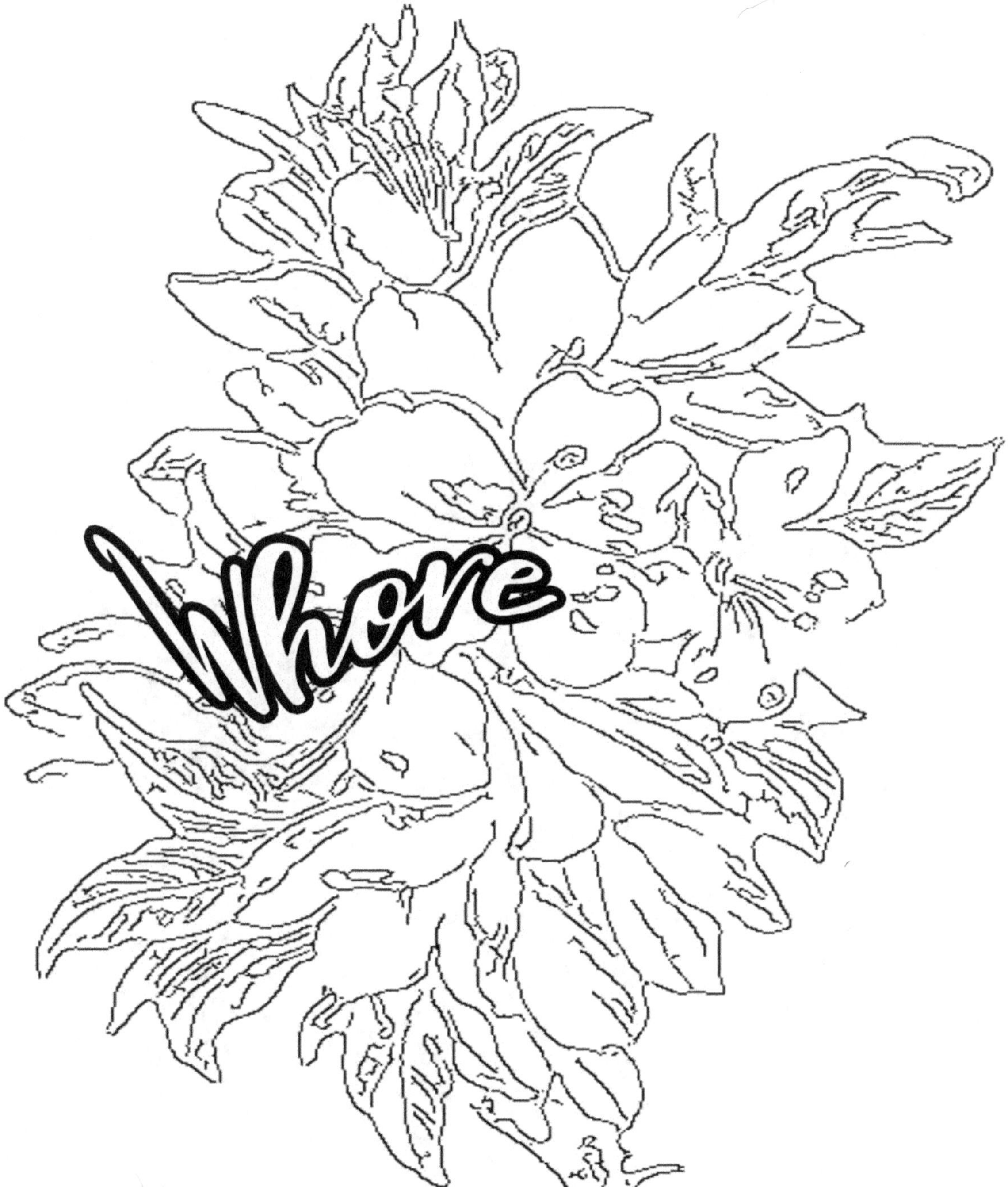
Whore

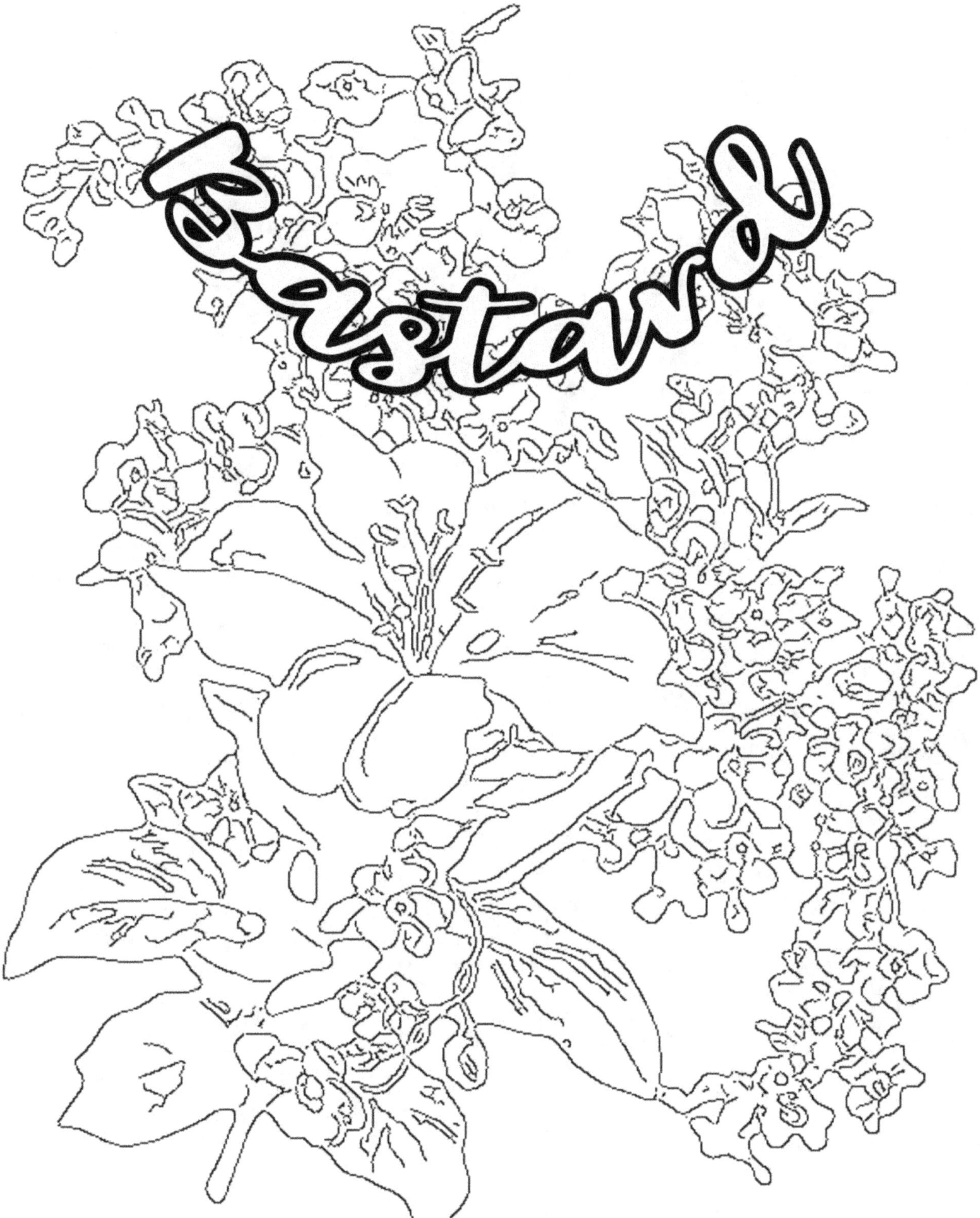
Bastard

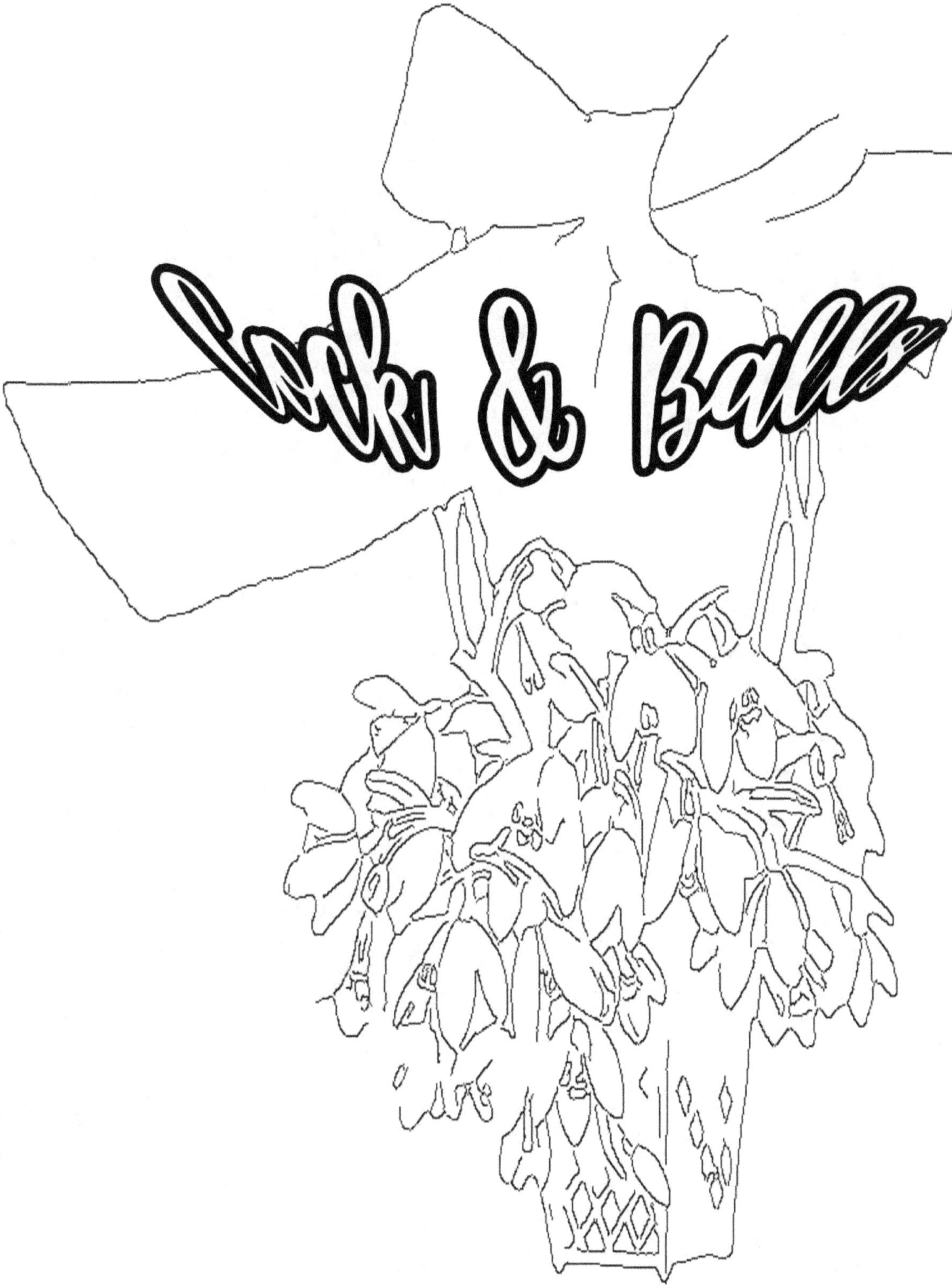
Cock & Balls

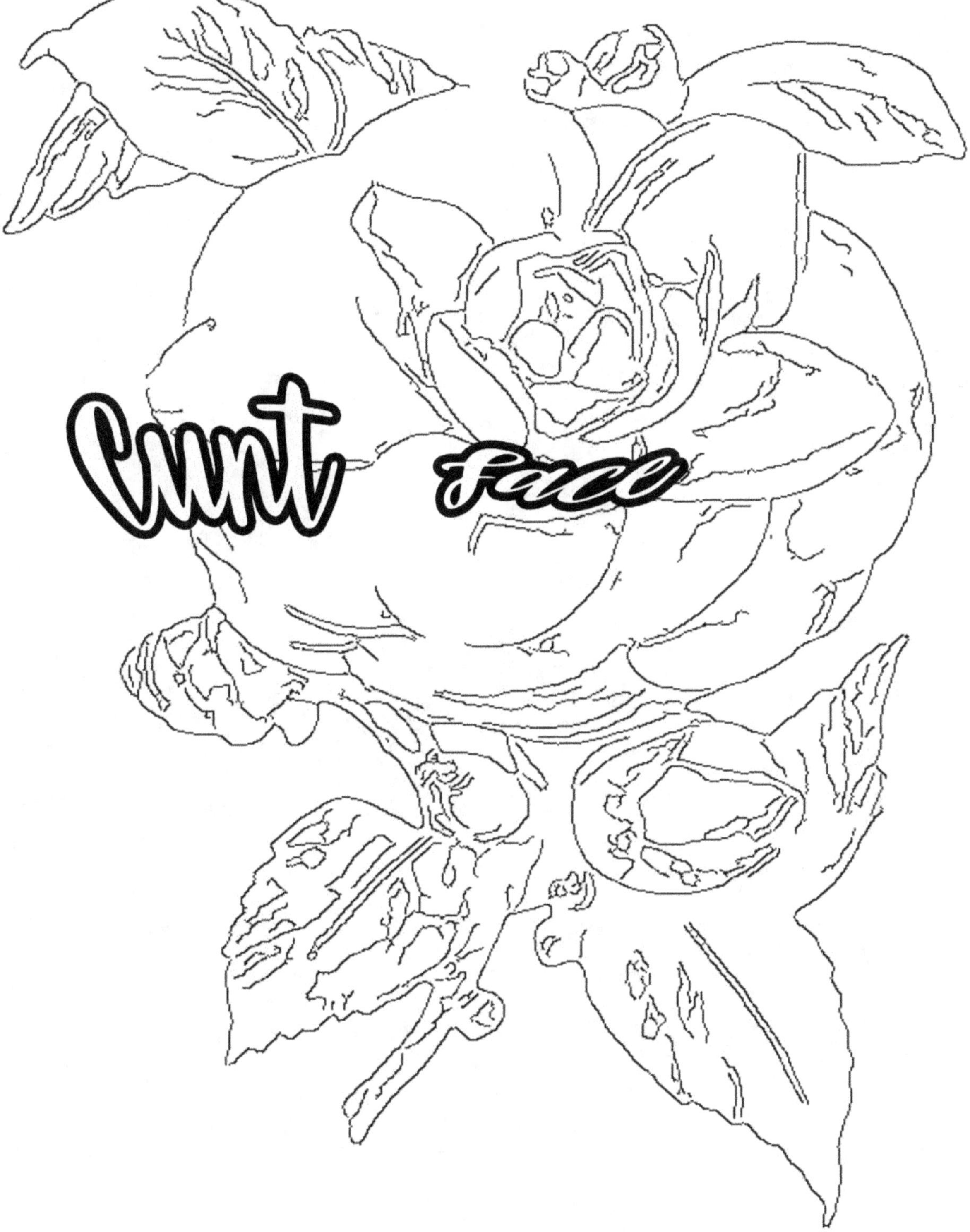
Cunt face

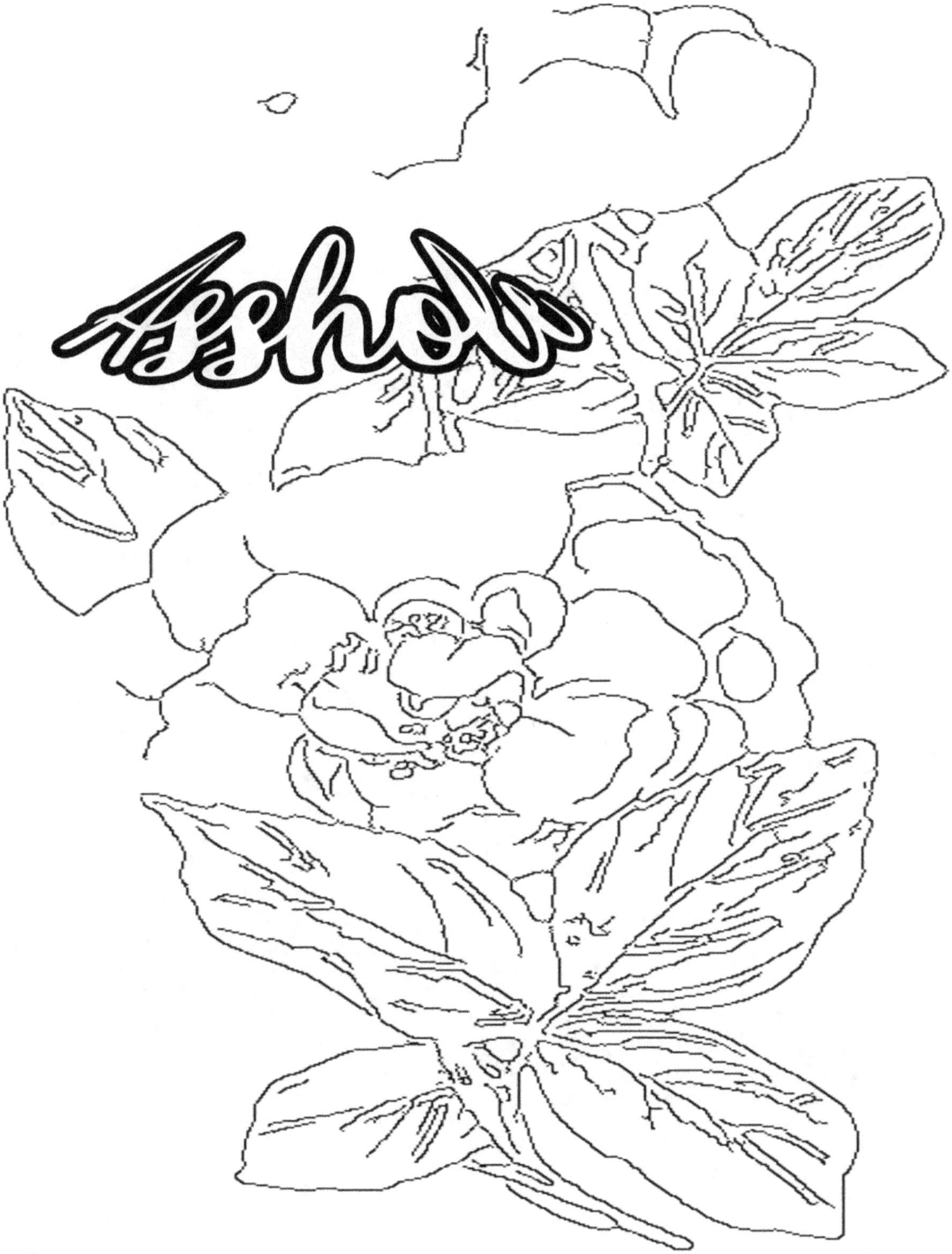
Asshole

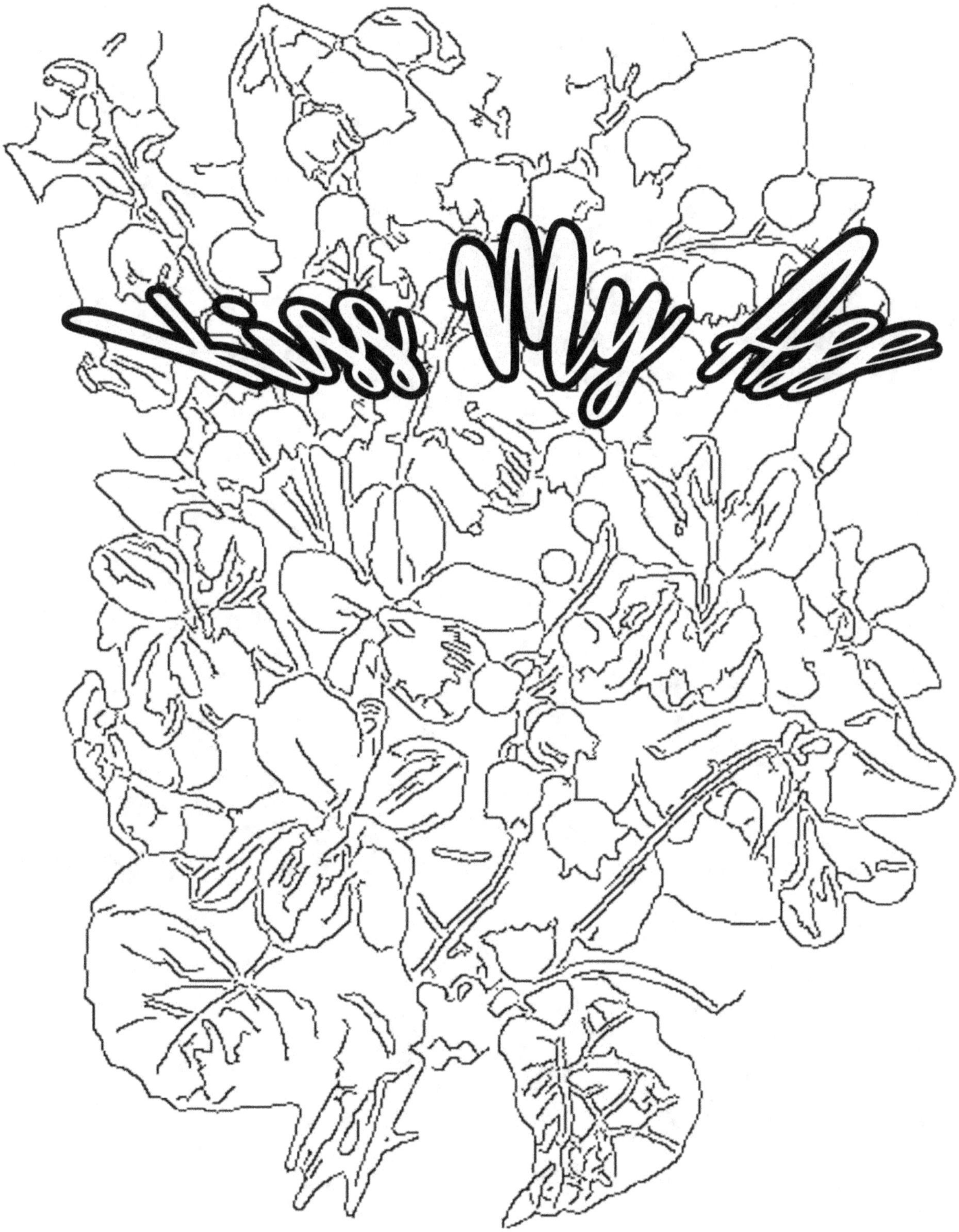
Kiss My Ass

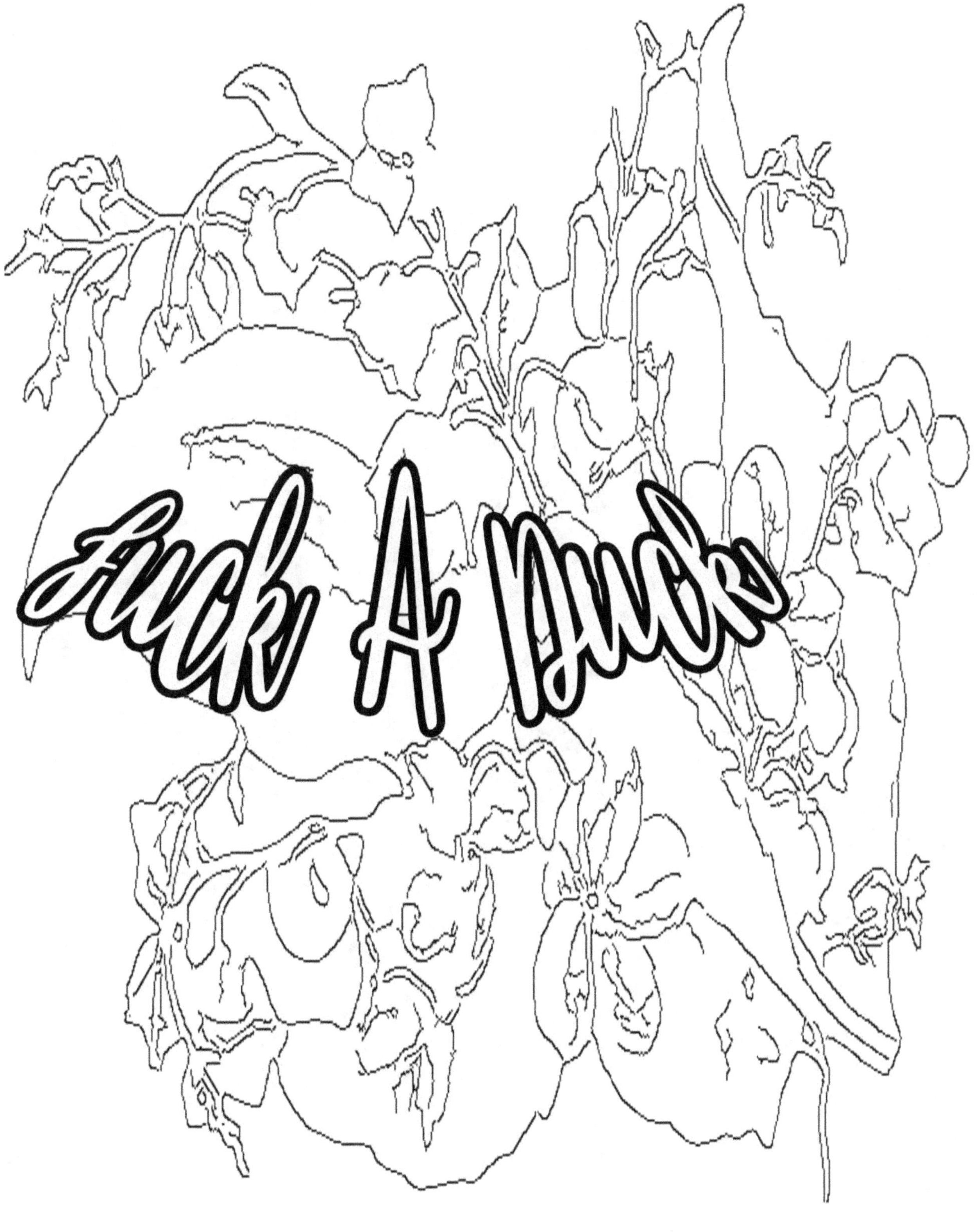
Fuck A Duck

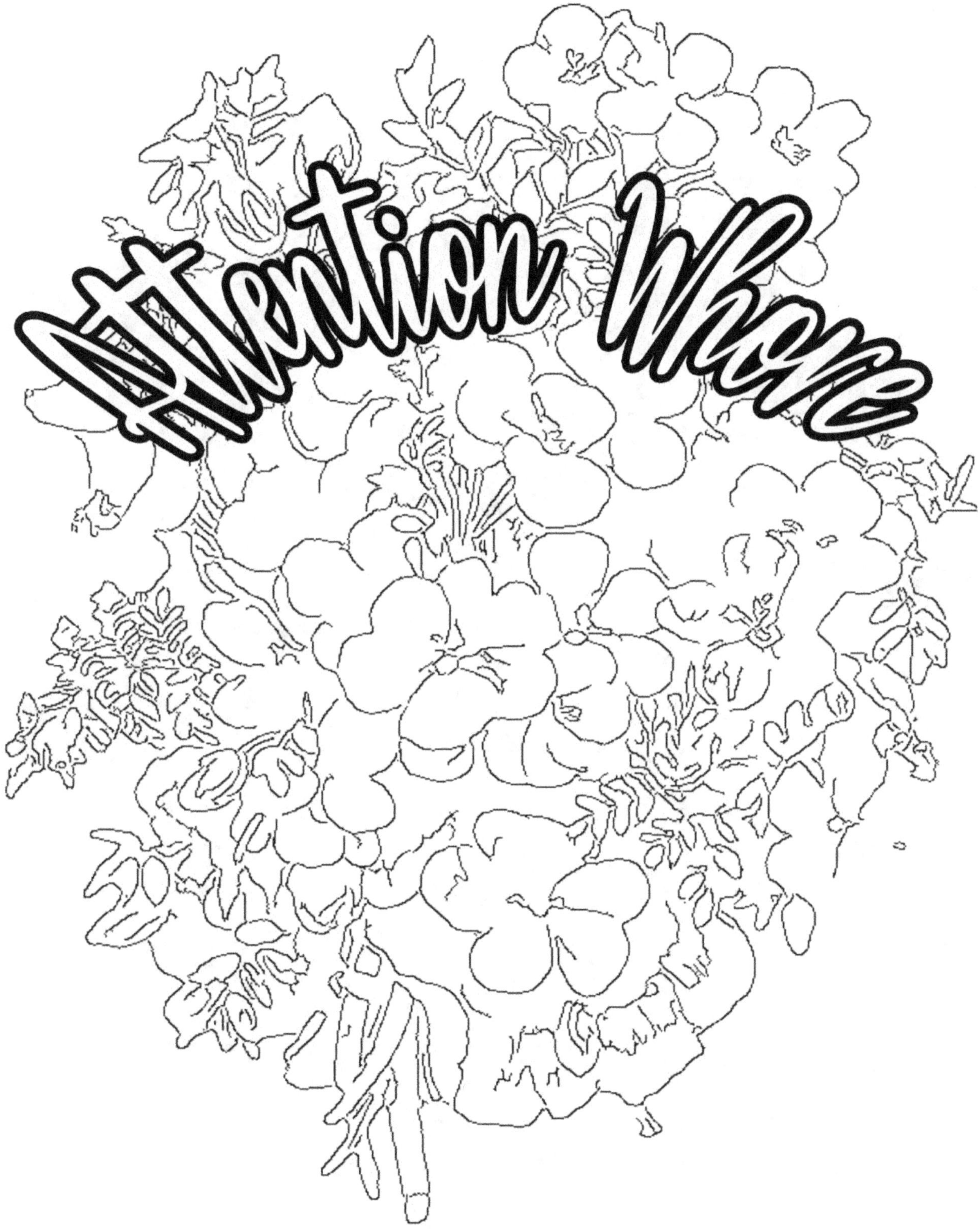
Attention Whore

HAVE A GOOD DAY.

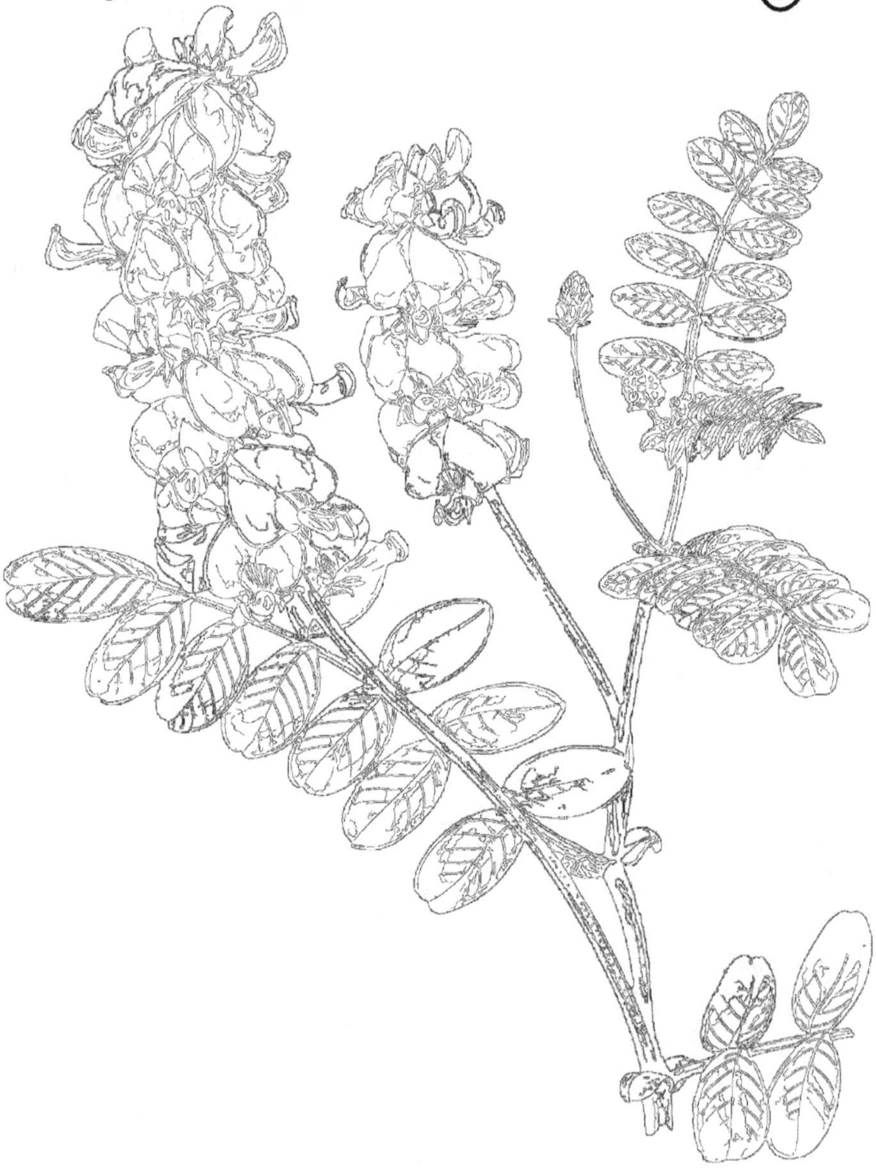